शब्दों के पीछे की डोर

चलते, रुकते, हँसते, रुलाते, मुस्कुराहटें
पिरो लीं।

Rohan Goswami

Dedication

The most difficult thing in life is to be and the most beautiful thing in life is when someone lets you be.

This book or at least an attempt at a book is an ode to my parents and the better half of my life as they actually always allow me to be what I am.

Acknowledgement

It is so amazing how little things, small moments contribute so much to your life and to what you do. All the time most of us keep looking for a reason for everything and what we don't realise is that every minute, every being, every moment is a reason, we just have to give it a purpose. Every person I have met in my lifetime has in some way or the other contributed in (to) my writing, so this goes out to all of them.

Preface

एक दूसरे के साथ हैं तो कुछ बात है,
पन्नों में स्याही से उमड़े कुछ जज़्बात हैं।
अलग-अलग हैं तो कोई शख्सियत नहीं,
ये शब्द नहीं, उनके पीछे जो डोर है वह कुछ खास
है।
टूट जाए अगर यह डोर, तो वक्त कुछ थम सा
जाता है,

बिना राह के तो मुसाफिर भी भटक जाता है।
मंजिल तो शायद दिख भी जाए कहीं दूर,
पर डगर न हो तो मुकाम कहां मिल पाता है।

कुछ पैगामों में पूरी कहानी छुपी रहती है,
गौर से सुनो तो यह कुछ कहती है।
हम ढूँढते रह जाते हैं सारांश में हर जवाब,
और कहानी दरम्यान में ही सब कह जाती है।

तू है

इस ज़िंदगी में तू है
हर ख़ुशी में तू है।
तू है हर नज़र में,
मेरी बंदगी में तू है।

इन आँसुओं में तू है,
इस ग़म में भी तू है।
तू है हर सांस में,
मेरी ख़ामोशी में तू है।

पेड़ों की शाखाओं में तू है,
हर पत्ते की सरसराहट में तू है।
तू है कण-कण में,
मेरे ख़ून के हर कतरे में तू है।

तू जीवन है मेरा,
तू मेरी आरज़ू है।
तू प्यार का एहसास,
मेरी ख़ुदाई भी तू है।

तू भगवान है मेरा,
इंसान भी तू ही है।
तू दर्द है मेरा,
आराम भी तू ही है।

हर पन्ना है तू,
हर शब्द भी तू ही है।
तू ही है स्याही मेरी,
क़लम भी तू ही है।

आँखें है तू मेरी,
मेरी सोच भी तू ही है।
तू ही सांस है मेरी,
मेरी ज़िंदगी तू ही है।

नाम में तू है,
हर काम में तू है।
तू ही पहचान है,
हर मुकाम में तू है।

ब्रह्मा तू है,
विष्णु तू है।
शिव के हर नाम में तू है।
तू ही आत्मा,
परमात्मा तू है।
तू ही "मैं" में और "हम" में तू है।

बचपन

अगर हो सका तो मैं कुछ साल वापस जाऊंगा
जो मासूमियत थी मेरे बचपन की, वो फिर से ले
आऊंगा।
कुछ अधूरे से खेल हैं, जिन्हें फिर से खेल आऊंगा,
अगर हो सका तो मैं कुछ साल वापस ज़रूर जाऊंगा।

ढूंढ कर वो हंसी मैं वापस ले आऊंगा,
वो छोटी-छोटी चीज़ों में मिलने वाली खुशी ढूंढ
लाऊंगा।
उन रूठे हुए यारों को मना "पाऊंगा"
अगर हो सका तो मैं कुछ साल वापस ज़रूर जाऊंगा।

मां की डांट को हंसी में टालना फिर सीख जाऊंगा,
अपने आपको बढ़ता देख खुद ही में खुश हो जाऊंगा।
बीच के कुछ सालों की गलतियां सुधार पाऊंगा,
अगर हो सका तो मैं कुछ साल वापस ज़रूर जाऊंगा।

प्यार क्या चीज़ होती है, मैं फिर से समझ पाऊंगा,
अपनी ज़िंदगी को एक नया "मौक़ाम" दे पाऊंगा।
कुछ अधूरे किस्से, कुछ अनकही बातें,
कुछ शब्दों को मैं विराम दे पाऊंगा।
अगर हो सका तो मैं कुछ साल वापस ज़रूर जाऊंगा।

सफर

सुना था चलना ही ज़िंदगी है
बैठने का मन किया तो याद आया कि कभी रुकने का
 तो सोचा ही नहीं।

यूं ही चलते रहे बिना सोचे कि मंज़िल भी एक मुकाम
है, जो बदलती रहती है हर मोड़ पर।
पहुँचे तो हर बार इस मंज़िल पर, रुकने का तो सोचा
ही नहीं।

हम चलते रहे, लोग मिलते रहे
हम बढ़ते रहे, लोग छूटते रहे
कौन रह जाएगा साथ, ये कभी सोचा ही नहीं।
कौन रुक पाएगा साथ, ये कभी सोचा ही नहीं।

हसरतों की थाली में, ख्वाबों की कटोरियाँ लिए
एक तरफ कुछ खाली, एक तरफ कुछ पूरा लिए
बस जाम के इंतजार में बैठे हैं
पैमाना मिल भी पाएगा, ये सोचा ही नहीं।

यूं ही चलता रहेगा ये सिलसिला
यूं ही बीत जाएगा ये सफर
हर मुकाम को मंज़िल समझ बैठेंगे
हर पैमाने को जाम समझ बैठेंगे
पर मुकाम आखिरी भी हो जाएगा, ये शायद कभी सो
चा ही नहीं
पैमाना छलक भी जाएगा, ये शायद कभी सोचा ही न
हीं।

सारांश

जीवन एक सारांश है, पलों से पिरोया एकांश है।
कभी धीमे-धीमे, कभी मध्यम-सी,
कभी ज़ोर से चलती सांस है।

रुकते हैं कभी, कभी चलते हैं,
कभी बस खड़े रहकर समझते हैं।
मंज़िल की धुंध नहीं,
पहुँचना कहीं आस-पास है।

उठती है कभी, कभी गिरती है,
कभी शांत सहर-सी मिलती है।
ज़िंदगी की ये लहरें हैं,
बनाती इसको जो ख़ास है।

दूर है कोई बैठा हुआ, याद जिसे हम करते हैं,
और दिल के कोने में कहीं बैठा कोई ख़ास है।

हर लम्हा हमसे दूर है, हर लम्हे के हम पास हैं।
खुद के साथ, खुद ही में जी लेंगे,
कहीं कोने में दबा बैठा विश्वास है।
हम हैं सब कुछ और कुछ भी नहीं,
यही जीवन का सारांश है।

आता हूं अंत में, लेकिन सबके मन को भाता हूं।
इतना, उतना, कितना भी हो, सब कुछ समेट लाता हूं
/

हंसना, रोना क्या है, जानो, मैं सबके भेद बतलाता हूं।
मैं सारांश हूं, मैं सबके मन को भाता हूं।

जीवन, मृत्यु, जीना, मरना, सबका मैं आधार हूं।
मेरा विवरण खुद है व्यापक, मैं सबका अल्प हूं।
जो पढ़ जाए, वो समझ पाए, मैं खुद में ही विस्तार हूं।
जैसा जिसको चाहिए, मैं वैसे ही दिखलाता हूं।
मैं सारांश हूं, मैं सबके मन को भाता हूं।

ढूँढ लो

एक लम्हे से दूर भागकर,
एक लम्हे के पास आता हूँ।
मैं अपने आप में कहीं खो जाता हूँ,
ख्याल आते हैं और बस चले जाते हैं।
इन ख्यालों का वजूद न ढूँढ पाता हूँ।

कौन हूँ मैं? यह सवाल है मेरा,
हर तरफ ढूँढता हूँ एक बसेरा।
यह सवाल बस सवाल ही बन के रह जाते हैं,
कोशिश करके भी इनके जवाब न ढूँढ पाता हूँ।

खो चुका हूँ मैं,
हो सके तो मुझे ढूँढ लो।
मैं खुद से ही मिल नहीं पा रहा,
हो सके तो मुझे ढूँढ लो।

सिमट सी गई है ये ज़िंदगी,
न जाने किसमें।
सिमटा हुआ सा कहीं मैं भी हूँ,
हो सके तो मुझे ढूँढ लो।

तलाश कर रहा हूँ मैं किसी को,
और मेरी तलाश भी खुद मुझी को है।
हर घर पर दस्तक दे रहा हूँ,
हो सके तो मुझे ढूँढ लो।

एक दरवाज़ा खुला कई दरवाज़ों के बाद,
एक आवाज़ आई कई ख़ामोशियों के बाद।

उस दरवाज़े की आहट को,
उस चुप-सी बैठी आवाज़ को,
उन दरवाज़ों की छुपी चाबियों को,
और हो सके तो मुझे ढूँढ लो।

आसान नहीं है ये तलाश,
हर पल में कुछ सिखा देती है,
कुछ याद करा देती है, पर बहुत कुछ भुला देती है।
सोचो, ये तलाश ही गुम हो जाए तो?
हम खुद को ढूँढ न पाएं तो?

मैं

ऐसा क्या हो कि मैं, मैं बन जाऊं
ढूंढ लूं खुद को या खुद ही में खो जाऊं
रास्ते मिल जाएं चाहे मंज़िल को न पाऊं
ऐसा क्या हो कि मैं, मैं बन जाऊं

हर एक सांस में खुद को ढूंढने लगा हूं
आहट अपने कदमों की खुद ही सुनने लगा हूं
बस भीड़ में भी इस आहट को मैं सुन पाऊं
ऐसा क्या हो कि मैं, मैं बन जाऊं

बढ़ तो रही है ये ज़िंदगी चुपके-चुपके से
सिमटी हुई खुद में, खुदी के पिंजरे में
इस ज़िंदगी को इसका अस्तित्व याद दिला पाऊं
ऐसा क्या हो कि मैं, मैं बन जाऊं

मैं बन भी गया अगर मैं तो क्या होगा
फिर से ज़िंदगी दबे पांव आएगी, फिर से ये तय होगा
फिर से इस मैं की तलाश होगी
फिर से ज़िंदगी हर मोड़ पर ये जताएगी

**"कि जब कदर थी हमें तुम्हारी तो तुम हमारे हो न सके
अब हम किसके होंगे ये हमें भी नहीं पता।"**

अजीब ज़िंदगी

ज़िंदगी तू भी अजीब है
कभी दूर है कितनी
कभी कितनी करीब है
ए ज़िंदगी तू भी अजीब है

अक्स है मेरा तू, तू मेरा रकीब है
मुझ में है भी और नहीं भी
ए ज़िंदगी तू कितनी अजीब है

हर सांस में तू है
हर सांस तेरा ही बीज है
कुछ पल को ओझल कुछ पल को करीब है
ए ज़िंदगी तू कितनी अजीब है

तेरे हर पन्ने पर कुछ अलग सा लिखा रहता है
कुछ में साहिल, कुछ में समंदर नज़र आता है
भागते दौड़ते कुछ मिल जाए तो क्या बात है
कुछ यूं ही छूट जाए तो वो भी नसीब खास है
ए ज़िंदगी तू कितनी अजीब है

तू है तो हम भी हैं
तेरा साया ही हमारा वजूद है
किस्से कहानियां सब तुझसे हैं जुड़ी
तू ही तो शान्त रेगिस्तान है, तू ही तो भीड़ है
ए ज़िंदगी तू कितनी अजीब है

मिल रही हैं सांसें और तू पुकार रही है
ना खींच मुझे ये गुहार रही है
समझ ले मेरी कीमत ए बंदे
चीख-चीख कर यही सुना रही है
कुछ मीठी सी, कुछ खट्टी सी
ऐ ज़िंदगी सच में तू कितनी अजीब है।

थम जाए

यूं ही ये पल थम जाए तो कैसा हो
बस वक्त यहीं रुक जाए तो कैसा हो
साथ हो तुम और हाथ में जाम हो
ये पैमाना भरा ही रह जाए तो कैसा हो।

मुस्कुराहटें दिल से निकली हैं
ये दिल इनसे भर जाए तो कैसा हो
ये शाम भी बहुत अजीब है, यूं ही बीत जाती है
ये शाम थम जाए तो कैसा हो
ये वक्त रुक जाए तो कैसा हो।

दिल से निकली है ये पुकार, बस काफी है
मैं हूं इस पल यहां, बस काफी है
ये पुकार हर तरफ गूंज जाए तो कैसा हो
ये वक्त यूं ही थम जाए तो कैसा हो।

साथ हम हमेशा रह जाएं तो कैसा हो
हर लम्हे को जी पाएं तो कैसा हो
हम हम ही रह जाएं तो कैसा हो
ये वक्त यहीं रुक जाए तो कैसा हो

भूल गए

यूं ही खुश होना, मुस्कुराते हुए सोना
खुद ही से कहकहे लगाना भूल गए
हम ज़िंदगी को ज़िंदगी बनाना भूल गए।

कभी यूं ही मुस्कुराना भी ज़रूरी है,
कभी अंदर ही अंदर मान जाना भी ज़रूरी है।
ज़रूरी है कि खुद ही हम कुछ ढूंढ पाएं,
हम खुद को ये समझाना भूल गए।
हम ज़िंदगी को ज़िंदगी बनाना भूल गए।

कोई तुम पर हंसेगा, कोई तुम्हारे आसपास हंसेगा,
ज़रूरी नहीं कि हर कोई तुम्हारे साथ हंसेगा।
हम तो हंसना और सबको हंसाना भूल गए।
हम ज़िंदगी को ज़िंदगी बनाना भूल गए।

जो ढूंढते थे मुस्कुराहट, वो हम थे,
ना देते थे ग़म को इजाज़त, वो हम थे।
हम ही थे जो जज़्बों के लिए जाने जाते थे,
अब जज़्बात हैं पर हम नहीं।
इन जज़्बातों को अपना बनाना भूल गए।

कुछ दूर तक तो चले, पर फिर संभल ना पाए,
दिन और रात में लकीर खींचना भूल गए।
रुख़सत किया सबको, जब सबको साथ लेना था,
हम अपनों और गैरों में फ़र्क करना भूल गए।
हम ज़िंदगी को ज़िंदगी बनाना भूल गए।

उड़ता पंछी

उड़ता पंछी देख हंस रहा
मुस्कुराते कहकहे छोड़ रहा।
हम बैठे चार दीवारी में,
वो खुले आसमान में घूम रहा।

हवाओं ने मुख मोड़ रखा है,
हल्का सा कुछ ओढ़ रखा है।
ये तो खुशी की चादर है,
जो लिए हमसे मुँह मोड़ रखा है।

नदियां अब भी बहती हैं,
कूदते-फांदते कुछ कहती हैं।
अब हम जो न हैं उनके किनारे,
तो लहरें खुदी में गुम रहती हैं।

सब मान गए, सब जान गए,
इस दुनिया को पहचान गए।
ना बन सका अगर कोई अपना,
तो वो हम हैं, जो खुद को न भांप सके।

हर डगर अब तो खाली है,
अब भी मंज़िल पर पहुंचना है।
"भगाते" हुए अपनी ज़िंदगी को,
अब भी कुछ जीतना है।

बहता पानी

नदिया नदिया, द्वारे द्वारे,
बहता पानी चलता जा रे।
संग ले आ तू ठंडी पवन को,
सूखी मिट्टी नम कर जा रे।

पक्षी, पेड़ और ये पत्थर,
सबको छूकर तू मुस्करा रे।
कश्ती, साहिल, मांझी और हम,
सब हैं बैठे तेरे द्वारे।

संग ले जा तू हमको भी,
अब युग तो पीछे छूट गया रे।
रुकना कभी न सीखा तूने,
हमको भी तू ये सिखा रे।

तेरे तट पर बैठ के सोचूं,
अब तक मैंने क्या पाया रे।

पर तू भी तो बहता रहता है,
खुद का छोड़, सब पर छाया रहता है।
हर कण में, हर लम्हे में,
तू बस चलता ही रहता है।

शोर मचाए, चुपचाप से,
अपने में, अपने को समाए।
बहता जा तू दूर वहां तक,
जहां तेरा समंदर तुझे मिल जाए।

रक़ीब

आज कुछ अजीब है
कुछ अलग है, कुछ क़रीब है,
कि आज कुछ अजीब है।

यूं न था पहले कभी कुछ भी,
यूं मुस्कुराहट ना आती थी।
दबे पांव, चुपके से,
ज़िंदगी यूं ना बीत जाती थी।

ना यूं तन्हा हम बैठा करते थे,
ना यूं किसी के होने का सुकून होता था।
ना कोई हमें कभी याद करता था,
ना कोई हमें कभी भुला पाता था।

यूं ही कुछ साल पहले हम हुआ करते थे,
यूं ही कुछ वक्त पहले लम्हे मिला करते थे।
हर लम्हे में बैठे पल कुछ कहा करते थे,
यूं ही कानों में कुछ गुनगुनाया करते थे।

वो लम्हे, वो लोग, वो बातें, वो हम,
ये लम्हे, ये लोग, ये रातें, ये हम।
यूं ही वो वक्त था जो बीत जाया करता था,
बीतते-बीतते यूं ही हमें साथ ले जाया करता था।

अब भी बीत रहा है ये और बीत रहे हैं हम,
अब भी मुस्कुरा रहा है ये और मुस्कुरा रहे हैं हम।
पर फिर भी कुछ अलग है,
पर फिर भी कुछ अजीब है।

इत्तेफ़ाक

हर पल में एक सदक है,
हर पल में एक फ़िराक है।
हर लम्हा अपने आप में
एक अजीब इत्तेफ़ाक है।

पल-पल से बने इन लम्हों में,
कुछ आम हैं, कुछ ख़ास हैं।
हर लम्हा अपने आप में
एक अजीब दास्तान है, एक अजीब इत्तेफ़ाक है।

ठहर जाते हैं हम,
रुक जाते हो तुम।
इत्तेफ़ाक कहो या शिद्दत इसे,
बस हम में ही खो जाते हो तुम।

यूं ही खो जाओ तो भी क्या है,
इस एक पल में ज़िंदगी का पूरा चिट्ठा बयान है।
हम मिले हैं बिछड़ जाने को,
यह इत्तेफ़ाक़ नहीं तो और क्या है?"

ये पल, ये लम्हें, ये मौसम, ये माहौल,
ना जाने ये हक़ीक़त है या है इत्तेफ़ाक।
सहेज-सहेज कर लम्हें ये वक़्त आया है,
क्या इसको हम जाने दें? बस यही सवाल आया है।

सब कुछ है कहीं और, कहीं कुछ भी नहीं।
कुछ हम में है, कुछ तुम में है,
कुछ बस इत्तेफ़ाक है।

समा पाने को

खुद को देखा झुकी हुई निगाहों से,
और दूसरों की नज़रों में प्यार लाने को।
हँसते रहे हम दुनिया के साथ,
खुद उनमें समा पाने को।

थे अलग हम, पर हमें गवारा ना था,
ख़ुदी में थे गुम, और कोई सहारा ना था।
फिर भी चलते रहे कहीं पहुँच जाने को,
हम हँसते रहे, उनमें समा पाने को।

कौन था हमारा, ये पता ना था,
पराया कौन, ये मालूम ना था।
मिलते रहे सबसे, हम अपना बनाने को,
बस हँसते रहे, उनमें समा पाने को।

बेरुखी सी ज़िंदगी थी, और बेख़ौफ़ भी थी,
ये हमारी सच्चाई, और यही बयान भी थी।
जूझते रहे हम इसे सुलझाने को,
और हँसते रहे, उनमें समा जाने को।

हँसी मोड़ों की मंज़िल कहीं पास थी,
मेरे सुकून को मेरी ही तलाश थी।
ना सुकून मिला, ना मोड़ आए रुक जाने को,
हम बस हँसते रहे, उनमें समा जाने को।

एक दिन हम और तुम ना रहेंगे,
एक दिन हम अपने आप से कहेंगे।
हम हँसेंगे, खुद को हँसाने को,
ना हँसेंगे, उनमें समा जाने को।

दोस्ती

कुछ है खट्टी सी,
कुछ है मीठी सी।
है कुछ ज़िंदगी के लिए,
कुछ है बंदगी के लिए।

साथ है दोस्त का तो ज़िंदगी चल रही है,
नाम है दोस्त का तो पहचान बन रही है।
कर जाएं इनके लिए कुछ भी, दिल में जज़्बा है,
दोस्त ही मेरा ख़ुदा, दोस्त ही मेरा रब्बा है।

दोस्ती से ज़िंदगी की दास्तान बन रही है,
इनसे दोस्ती ख़ुद ही महान बन रही है।
ये हैं तो ज़िंदगी का कुछ मतलब है,
ये नहीं तो ज़िंदगी एक ज़िल्लत बन रही है।

दोस्त का काम है दोस्त को संवारना,
अंधेरे कोनों से दोस्त को निखारना।
साथ देना जितना हो सके,
जब साथ न हों तो यादें संवारना।

ख़ुशनसीब हैं वो जिनके पास इनकी कमी नहीं,
हमारे पास तुम हो और कोई तमन्ना ही नहीं।
कहते हैं सबसे दोस्ती करो,
हम कहते हैं एक से, पर दिल से करो।

समझ लो आज कि कितनी ज़रूरी है ये दोस्ती,
दोस्तों के बिना कितनी अधूरी है ये दोस्ती।
जब भी बुलाओगे, तुम्हारे पास चले आएंगे,
दोस्ती का फ़र्ज़ हम बख़ूबी निभाएंगे।
दिल में रखेंगे तुम्हें,
तुम्हारे बिना ज़िंदगी का एक लम्हा ना बिताएंगे।

आँसू

दरिया हैं किसी के लिए
किसी के लिए पानी हैं आँसू
ख़ुशी है इनमें छुपी
ग़म भी छुपाए बैठे हैं ये आँसू।

जज़्बातों का ये चेहरा हैं
इंसान की परछाई हैं ये आँसू
अकेलेपन के साथी हैं
ख़ुद भीड़ में भी तन्हा रहते हैं ये आँसू।

राह चलते ठोकर में
बारिश की पहली बूंद में हैं आँस
हर दिन के हर लम्हे में छिपे बैठे हैं ये आँसू
ज़िंदगी का साथ देते हुए, ज़िंदगी के बाद हैं ये आँसू।

किसी को हँसाते तो किसी को मनाते हैं ये आँसू
कोई कोसता है इन्हें तो कोई रब से माँगता है ये आँसू
हर पल से अनजान, फिर भी हर पल का हिस्सा हैं ये
आँसू

दिल से दिल का तार हैं ये आँसू, हम सबके जज़्बात हैं
 ये आँसू।
अपनी आँखों में झाँक कर देखो
सूखी पलकों के कोनों में छिपे मिलेंगे ये आँसू।

तलाश

ज़िंदगी की तलाश में खो गया हूँ कहीं
पूछते हैं सब सवाल मुझसे
इन सवालों के जवाबों में खो गया हूँ कहीं
प्यारी सी ज़िंदगी के एहसास में खो गया हूँ कहीं

खो गया हूँ कहीं, ढूँढ़ता हूँ हर जगह अपने आप को मैं
ख़ाली सी ज़िंदगी में इस दुनिया की भीड़ में खो गया हूँ कहीं
सब साथ हैं मेरे, सबके मैं साथ हूँ
इस मौजूदगी के भंवर में खो गया हूँ कहीं

चलता जा रहा हूँ बिना सोचे के मंज़िल है किधर
इस अनजान सफ़र में खो गया हूँ कहीं
रूठते हैं लोग मुझसे, फिर मान भी जाते हैं
रूठने मनाने के इस खेल में खो गया हूँ कहीं

हर रोज़ एक नई सुबह होती है
इस सुबह के इंतज़ार में, इस सांझ के सारांश में खो गया हूँ कहीं
इन हवाओं की सरसराहट में, इन बूँदों की आवाज़ में
इन टूटे बिखरे तिनकों में, इस सिमटी हुई सी रेत में,
मैं खो गया हूँ कहीं

मिल जाऊं अगर मैं तो मुझे बता देना, के बेचैन हो रहा हूँ अब
ढूँढ़ने की इस कोशिश में, छुपी हुई सी इस तलाश में
मैं खो गया हूँ कहीं

अक्स

रुके हुए हैं ये अश्क, समंदर में मिल जाने को
सैलाब के साथ आते, तूफ़ान में सिमट जाने को
ख़ामोशी रह जाती है इन तूफ़ानों के बाद
और रह जाता है अक्स ख़ामोशी में समा जाने को

यह सन्नाटा चुभोता है तन्हाइयों की सुइयाँ
और तन्हाइयाँ बैठी रहती हैं ग़म में समा जाने को
दर्द का एहसास होता है, और आँखें भर आती हैं
झुकती हैं पल्कें अपनी आप में गुम हो जाने को

एक तलाश शुरू होती है फिर, जो ज़िंदगी के साथ चल
तीहै
कुछ दूर चल कर रुक जाती है, टूट कर गिर जाने को
फिरती है दर-ब-दर, हर चाक हर चौबारे पर
दबी हुई सी सिमटी सी ख़ुद को पहचान पाने को

ढूँढ़ता है फिर अक्स अपने वजूद की सच्चाई को
जाता है एक तिनके को ओढ़ कर समंदर में नहाने को
जज़्बातों का है ये समंदर शायद, ये तिनका न संभाल
पाएगा
अक्स मेरा चल पड़ा ख़ुदी में से ख़ुदी को निकालने को

कुछ तो है

कुछ अनकही सी, अनसुनी सी बात कुछ तो है
तेरे हर सवाल का जवाब कुछ तो है।
गुम है तू कहीं, ढूँढता फिर रहा
तेरी मौजूदगी में, तेरी तलाश खुद को है।
कुछ अनकही सी, अनसुनी सी बात कुछ तो है।

कुछ तो है जो तू छुपा रहा
कुछ तो है जो तेरे पास न आ रहा।
तू है जो सब समेटना चाहता है
पर कुछ है जो सिमट नहीं पा रहा।

हर कोशिश के पीछे की कोशिश छुपी है
तेरी मौजूदगी में तेरी गैर-मौजूदगी छुपी है।
चुप है शोर, कि सन्नाटा चिल्ला रहा
इस सन्नाटे की चीखों में कश्मकश कुछ तो है।

कुछ है जो साथ में भी है और नहीं भी
कुछ है जो सांसों में समा रहा।
चल रही हैं सांसें, ज़िंदगी पिरोती हुई
कुछ गांठें हैं, जो तू सुलझा नहीं पा रहा।

वक़्त कहीं रुकता ही नहीं
फिर भी क्यों न जाने कुछ ठहरा सा है।
कुछ तो है जो बदलता ही नहीं
कुछ तो है जो अधूरा सा है।

कुछ अनकही सी, अनसुनी सी बात कुछ तो है
तेरी मौजूदगी में, तेरी तलाश खुद को है।
कुछ अनकही सी, अनसुनी सी बात कुछ तो है।

एक रात

एक रात मेरे नाम कर दे, मैं चैन से सो पाऊंगा।
भूलकर अपनी सारी फिक्रें, मैं नींद से मिल पाऊंगा।

अंधेरा होता तो है पर शाम नहीं होती,
मैं तो रुक जाता हूं पर ये आंखें नहीं सोती।
थक जाती हैं पलकें, झुक सी जाती हैं,
दर्द तो होता है बहुत, पर ये नहीं रोती।

आ जा पास मेरे तू कि मैं अकेला बैठा हूं,
अपने ही ख्यालों को मैं संभाले बैठा हूं।
बैठा हूं इस इंतज़ार में कि शायद तू आए,
रोशनी तो हो जाती है, पर ये कमबख़्त सुबह नहीं
होती।

दिन और रात सब एक ही से लगते हैं,
सांझ और भोर सब अधूरे से लगते हैं।
लगता है कि कोई आहट सी हुई है,
किसी ने कहीं कोई डोर सी छुई है।
पत्ते तो हिलते हैं हवा से बहुत,
पर उनकी सरसराहट नहीं होती।

इस अंधेरे में समा जाऊं या उस रोशनी को बुलाऊं, ये
समझ नहीं पाता।
इन पत्तों की सरसराहट को मैं सुन नहीं पाता।
होता तो है बहुत कुछ और कुछ भी नहीं,
रात कितनी भी लंबी हो, मैं सो नहीं पाता।

कहानी

अनसुनी अनदेखी कहानी सी बन गई
बैठे-बैठे यूँ ही रवानी सी बन गई
बस बैठे रहे हम अपनी ही धुन में
न जाने कब एक निशानी सी बन गई।

कदम-कदम पर एक एहसास सा होता है
कुछ तो बस यूँ ही, कुछ इल्म खास सा होता है
बहते गए हम इस रूहानियत को लिए साथ
पता भी न चला कब एक ज़िंदगानी सी बन गई।

कुछ पत्थर मिले, कुछ मोड़ आए
चारों तरफ़ है सन्नाटा फिर भी न जाने कहाँ से शोर
आए
ढूंढते रहे हम बीच का एक मुकाम
देखा नहीं कि सुहानी एक शुरुआत सी बन गई
न जाने कब एक कहानी सी बन गई।

कुछ दिन बने, कुछ रात बन गई
एक अपने में गुमसुम बात सी बन गई
कुछ भूल गए, कुछ याद रहे
कुछ पलकों में छुपी हुई आस सी बन गई
हर पल में पलों को ढूँढते हुए, हर पल में कुछ एहसास
सी बन गई
ये ज़िंदगी आम बनते-बनते कुछ ख़ास सी बन गई।

इस खास ज़िंदगी में कई कहानियां हैं
हर कहानी में एक नई ज़िंदगी
खुद इन कहानियों को देख कर ज़िंदगी बोल पड़ी–

"मैं चलती रही और वक़्त गुज़रता रहा, मेरे होने से
मेरा वजूद बनता रहा, मैं थम गई और कुछ न थमा,
मेरे न होने से मेरी मौजूदगी बन सी गई।"

ना रहेंगे

ना हम रहेंगे, ना जहाँ रहेगा,
इस भीड़ में ना किसी का मुक़ाम रहेगा।
झुझते रहते हैं इस दुनिया के झमेलों में,
ना ये दुनिया रहेगी, ना आसमान रहेगा।

फिर तलाशेंगे हम खुद को,
खुद की पहचान को ढूंढेंगे।
पूछेगा वो सवाल जब हमसे,
कशमकश में जवाब हम ढूंढेंगे।

वो वक्त और भी अजीब होगा,
जब हम उसके और वो हमारे "क़रीब" होगा।
अभी भी ना जाने क्यों वो पास नहीं,
शायद है, पर हमें इल्म कुछ ख़ास नहीं।

किस चीज़ की तलाश है हमें, हम नहीं जानते,
कौन हैं हम, खुद को ही नहीं पहचानते।
ये सवाल भी साथ ही हमारे जाएगा,
इस दुनिया में नहीं तो उस दुनिया में इसका जवाब
ज़रूर पाएगा।

ये दुनिया वैसे भी कुछ बातें करेगी,
कुछ दिनों तक हमारी यादों के साथ रहेगी।
फिर वही भीड़, वही आसमान कहेगा,
एक दिन ना हम रहेंगे, ना जहाँ रहेगा।

चाहत

चाहा है तुझको इस शिद्दत से
कि चाहत भी हमें झुक कर सलाम करती है।
पूछते हैं खुद से चाहत का मकसद,
खुदी को हम यही जवाब देते हैं।

ना चाहेगा कोई तुम्हें इतना,
कि ना चाहेगा कोई तुम्हें इतना,
जितना इस दिल से याद हम तुम्हें करते हैं।
रो जाती हैं सांसें भी हमारी
जब तुम्हारे ना होने का एहसास करते हैं।

हर सांस में तुम्हारा नाम आता है,
कि मेरा दिल हमेशा यही चाहता है।
बदल दें हम इस चाहत का मतलब,
ख्याल-ए-शरीफ़ से ही दामन भीग जाता है।
कि बहुत भीग चुका ये दामन, और बहुत रो चुके हम।
रात के सन्नाटे को दिन के उजाले तक पहुंचाना हमें
आता है।

बदल दें अपनी तक़दीर, कि इसमें कहते हैं कि कांटे ही
कांटे हैं।
चुभ गए अगर तो दर्द बहुत होगा,
सारे गुलाब हैं तुम्हारे लिए,
हमारे हिस्से तो सिर्फ कांटा ही आता है।

खुश हैं हम इन कांटों में ही,
कि ये याद तुम्हारी दिलाते हैं।
निकलता हैं लहू इनसे ये भी दामन भिगो जाते हैं।
इस भीगे दामने की कसम,
हम पा लेंगे वो मुकाम,
कि जहां कहेंगे ये कांटे भी हमारे हैं,
ये फूल भी हमारे हैं।

ज़िंदगी का सफर

डगमगाती राहों पर चलते हैं
हर मोड़ पर कोई मिलता है
कोई रुकता है तो कोई गुज़र जाता है
पर नहीं रुकता तो ये ज़िंदगी का सफर

चलती हैं राहें भी साथ-साथ
और हवाएं भी साथ देती हैं
रुकी रहती है हर चीज़ आस पास
नहीं रुकता तो ये सफर ज़िंदगी का सफर

मिलती हैं मंज़िलें
और फिर बिछड़ जाती हैं
छूट जाता है सब कुछ इस सफर में
मुस्कानें रुक जाती हैं
और रुक जाते हैं ये आँसू
नहीं रुकता तो ये ज़िंदगी का सफर

ना ख़त्म होता है ये सफर
ना थमता है वक़्त का पहिया
बस रुक जाती हैं ये साँसें
पर नहीं रुकता ये ज़िंदगी का सफर

जी करता है

रुक जा ऐ ज़िंदगी
कि अब एक पल जीने को जी करता है
भर दे गिलास ऐ साकी
कि अब पीने को जी करता है
थम जा ऐ मुसाफिर
मैं भी साथ चल दूं तेरे
तेरे साथ अब मेरा भी सफर कटता है

वो देखो दूर खड़ा वक्त बुला रहा है हमें
पूछता है
के मंज़िल से पहले रास्ता क्यों बदलता है
ना सुनना है वक्त को ना आवाज़ कोई पहचान में है
अब तो बस एक पल बस एक पल और जीने को जी
करता है

कट रहे हैं रास्ते नापते हुए हमारे कदम
अब तो इन रास्तों पर कांटे बिछाने को जी करता है

वो देखो ऊपर बादलों ने घेर लिया
के वो देखो ऊपर बादलों ने घेर लिया
अब तो बरस जा ऐ मेघा कि भीगने को जी करता है
अब तो बस एक पल और जीने को जी करता है

छुप गया है चाँद कहीं बादलों की ओट में
चाँदनी के जैसे उसे गले लगाने को जी करता है
ना जाने कहां से आ रही है एक रोशनी
इस रोशनी की ओट में एक साया सा चलता है
ग़म बांटता है वो मेरे, साथ मेरे वो चलता है
बस कुछ पल में अब ये लम्हे ख़त्म हो जाएंगे
हर लम्हे को एक पल बनाने को जी करता है
अब तो बस एक पल और जीने को जी करता है

झूठ

कुछ गुमसुम सा, कुछ थमा सा है,
किसी के आँखों में कुछ समाया हुआ सा है।
ना जाने क्या सोचती रहती हैं ये आँखें,
इनमें कुछ छुपा-छुपा सा है।

दूर गहराईयों में ढूँढ़ रहे हैं हम जवाब सारे,
और सब कुछ सामने एक इत्तेफाक़ सा है।
चल पड़ी हैं मेरी साँसें कुछ देर थमने के बाद,
उस वक्त में कहाँ था, ना जाने,
पर अब लगता है जैसे सब पहले हुआ सा है।

डूब कर निकले हैं दरियाँ से हम,
जहाँ कहने को ना जाने कितना कुछ था,
फिर भी ख़ामोश हैं साँसें मेरी और एक नशा सा है।
डूबती कश्ती है दूर समुद्र में कहीं,
और यहाँ खड़ा साहिल शांत सा है,

उफ़ान उठ रहे हैं चारों तरफ़,
और बीच का समा चाँद सा है।
वो देखो, वो आँखें कुछ कह रही हैं,
कहती हैं कि तू कुछ अपना सा है,
पर लबों से निकलता है झूठ उनके,
कि तुम पराए हो, हमारे लिए तो यह झूठ भी सच सा
है।

डर लगता है

हर ख़ुशी से डर लगता है,
इसमें छुपी हर परछाई से डर लगता है।
कहीं ग़म न हो जाएं हम हंसी के भीड़ में,
ख़ुद की ही हंसी से डर लगता है।

ज़िंदगी हर लम्हा रंग बदलती है,
इस बदलते रंग से, इस ज़िंदगी से डर लगता है।
छाए हुए हैं बादल हर तरफ, बरसने के इंतज़ार में,
इस बारिश, इन काले बादलों से डर लगता है।

ना भीग जाएं कहीं हम ओस की बूँदों से,
इस सुबह की ख़ुशबू, इस उम्मीद से डर लगता है।
कुछ खोया है ज़िंदगी में, कुछ पाया भी है,
इस खोने और पाने के खेल से डर लगता है।

थक चुका हूँ अब लड़ते-लड़ते,
हर तरफ़ से वार हो रहे हैं,
अब इन वारों से, इस थकान से डर लगता है।
कितना डरूँ अब मैं? और कब तक?
अब इन सवालों से, इस डर से डर लगता है।

दोस्त

क्या हैं, कौन हैं, कैसे हैं दोस्त?
कभी ख़ुशी तो कभी ग़म हैं दोस्त।
साया हैं हमारे, हमारी धूप हैं दोस्त,
ज़िंदगी के जाम में एक नशा सा हैं ये दोस्त।

भागती दौड़ की डोर,
शांत ज़िंदगी की ख़ामोशी हैं दोस्त।
वक़्त के साथी हैं, वक़्त से आगे हैं दोस्त।
हम जी रहे हैं इनकी ख़ातिर,
हमारी पहचान हैं ये दोस्त।

सुरों का साज़, प्यासे के लिए पानी हैं दोस्त।
कभी लड़ते हैं ये हमसे, कभी दूर भाग जाते हैं,
कभी ढूंढना पड़ता है इनको, कभी बिना बुलाए आ
जाते हैं।
कभी ख़ामोश बैठ डराते हैं, कभी हल्ला मचाते हैं
दोस्त।
ज़िंदगी को जीने की राह दिखाते हैं ये दोस्त।

ना जाए कहीं कभी ये, हर वक़्त यही ख़याल आता है,
कि इनके बिना ज़िंदगी जीने का मज़ा नहीं आता है।
ख़ुश हैं हम भी जब ये साथ होते हैं,
हमारी ख़ुशी को "ख़ुशी" नाम देते हैं ये दोस्त

ना रहेंगी सासें

ना रहेंगी सासें
ना आंसू नज़र आएंगे
एक तेरे इंतज़ार में हम तन्हा ही जी जाएंगे

ना मिलेगी मंज़िल
ना रास्ता ढूंढ पाएंगे
खो देंगे सब कुछ और सब कुछ पा जाएंगे

कोई आवाज़ ना सुनाई देगी
ना कोई चेहरा दिखाई पड़ेगा
तेरे इंतज़ार में हम खुद में समा जाएंगे

तक़दीर के दरवाज़े पर दस्तक कोई देगा
तक़दीर के दरवाज़े पर दस्तक कोई देगा
और हम उस दस्तक को तेरी आहट समझ जाएंगे

फिर जीएंगे हम एक नई सांस के साथ
फिर मंज़िल कोई तलाशेंगे
नए रास्ते होंगे हर तरफ और नए लोग नज़र आएंगे
उस मंज़िल पर खड़ा, हमारा इंतज़ार करते हम तुम्हे
पाएंगे।"

बिताए पल

यह पल जो हमने बिताए साथ
हर पल में थी कोई बात,
कुछ में खुशी, तो कुछ में था ग़म का साथ
पर हर हाल में था हमारे हाथों में एक हाथ

कुछ मुस्कुराहटें याद रहेंगी
कुछ आंसू छाप छोड़ जाएंगे
चाहे कहीं भी चले जाएं हम
यह पल बहुत याद आएंगे

वो लड़ना झगड़ना
वो करना मज़ाक़
गुस्से में न करना एक दूसरे से बात
वो रहना मिल-जुल के
जगे रहना सारी रात

कल क्या हो ये हम नहीं जानते
पर साथ हैं हम आज
दूर हो जाएं हम चाहे जितना
आ जाएंगे फिर भी बस दे देना एक आवाज़।

मुस्कुरा न सके।

क़द्र करते थे हम जिनकी,
वो क़द्रदान हमारे न हो सके।
रुख़सत कर रहे हैं हम जनाज़ा अपना,
पर रोने वाले न मिल सके।

के हँस रही है दुनिया,
अपने बनाए उसूलों पर,
और हम हैं कि अपने आप पर भी मुस्कुरा न सके।

ज़िंदगी पहचानती है अपने ग़मों के दायरों को,
हम तो अपनी ही ज़िंदगी को पहचान न सके।
तन्हाई पुकार लेती है सन्नाटे को,
अपना साथ देने के लिए,
हम तो अंधेरे में भी रोशनी की लौ जला न सके।

कश्मकश से भरी बातें हैं,
और फिर भी शब्द कह जाते हैं सब कुछ।
चिल्लाती रही ज़िंदगी एक पहचान को,
और उसे एक नाम हम दिला न सके।

मेरा शहर

मुस्कुराती ज़िंदगी मुस्कुराता आसमान
हर चेहरे में छुपी एक लंबी दास्तान
वो किस्से, वो कहानियाँ, वो उछलते अरमान
हर पल में ज़िंदगी, हर पल बेनाम

वो मिलते लोग, वो जाना पहचाना सा समा
वो किसी मोड़ पर लेना किसी का सामान
हर चेहरा पहचानता है, हर चेहरा है अपना
मेरे शहर में हर शख़्स जानता है मेरा नाम

ये कहां हूँ मैं कि न जाने कौन लोग हैं
सब पराया सा लगता है, न जाने क्यों इतना शोर है
ना मुस्कुराहट है चेहरे पर, ना दिल में है कोई दास्तान
सबकुछ तो मिलता है यहाँ, बस नहीं है तो अपना
माने वही शहर है मेरा, वही है मेरी पहचान

मैं आगाज़ हूँ

कुछ खो गया है उसे ढूंढने मैं चला
जो है पास मेरे, उसे लूटने मैं चला
ना दिख रहा है कुछ, ना जानता हूँ
उस अंधेखी खोज को ढूंढने मैं चला

एक रास्ता चल रहा है और तन्हाई है साथ मेरे
बस इन दोनों को साथ लिए हंसता मुस्कुराता मैं चला
चल पड़ा अब सोचे बिना कि क्या होगा
इन वादियों में खो जाने को मैं चला

हर चीज़ पुकार रही है मुझे, हर चीज़ में मैं हूँ
सबसे मिलने, सबको अपना बनाने मैं चला
वो देखो मेरा माझी समंदर में खड़ा है
तैर कर उस तक जाने को मैं चला

जा तो रहा हूँ पर न जाने कहाँ
बस अपने आप को मनाने मैं चला
ज़िंदगी को पहचानने मैं चला
खामोशी से मिलने मैं चला
हंसने-हंसाने, दोस्त बनाने
ज़िंदगी को जीना सिखाने मैं चला

पहुँच जाऊँगा तो कह सकूँगा कि

"मैं आगाज़ हूँ, मैं अंजाम हूँ, मैं ही सुबह, मैं ही शाम हूँ
यह हंसी मुझसे पनपती है, इस ग़म की मैं पहचान हूँ

यह ज़िंदगी है मेरी, इसे मैंने जीना सिखाया है
रात का अंधेरा, सुबह की पहली किरण मैं हूँ

ज़िंदगी जियो तो खुल के, हर लम्हे में पनपती यह
पहचान हूँ

ख़ुशी पनपती है मुझमें, खामोशी की रहनुमा हूँ
इस भीड़ में ग़म है कहीं, एक चेहरा, उस चेहरे की
मुस्कान और आँखों की शान मैं हूँ"

मैं ज़िंदगी हूँ

मैं ज़िंदगी हूँ
कभी अनकही सी, कभी शोर मचाती
कभी कुछ हंसी सी, कभी कुछ गुदगुदाती
कभी गुम सी आँखों में
कभी उन ही आँखों की चमक बन जाती
मैं ज़िंदगी हूँ

हर चीज़ की शुरुआत हर चीज़ का अंत हूँ
मैं हूँ हर जगह हर कण में हूँ
मैं ज़िंदगी हूँ

ये साँसें हूँ मैं ये ख़ामोशी मैं हूँ
मैं ही हूँ भीड़ में तन्हाई में मैं हूँ
मैं ज़िंदगी हूँ

कोई पुकारता है मुझे कोई डटकता है
सब कुछ हूँ किसी के लिए
किसी के लिए कुछ भी नहीं
खुद ही साया और खुद ही शरर हूँ
मैं ज़िंदगी हूँ

सुबह हूँ मैं शाम मैं हूँ
हर पहर के बीच का नाम मैं हूँ
मैं हूँ हर ख़्वाब में हर वक़्त होती बात में मैं हूँ
मैं ज़िंदगी हूँ

मिट जाए धरती मिट जाए अम्बर
मिट जाए ये वादियाँ मिट जाए सागर
पर मैं ना मिटूंगी, मैं ज़िंदगी हूँ

रात

ऐ ज़िंदगी, तू सो जा कि अब बहुत रात हो चुकी है
इस रात की आग़ोश में ये दुनिया भी सो चुकी है
मेरी ज़िंदगी क्या पूछूं मैं तुझसे
कि तू खुद एक सवाल बन मेरे सामने खड़ी है
ना जाने क्या जवाब है तेरा ना जाने किस सोच में पड़ी
है

तू खुद की पहचान है शायद तू नहीं जानती
इसलिए एक उलझन बन एक पहेली बनी हुई है
कोई बूझता नहीं अब पहेलियों को ना कोई उलझने
सुलझाता है
फिर भी तू ना जाने किस इंतज़ार में पड़ी है

सो जा अब तू के रात का अंधेरा छा चुका है
एक सुबह के इंतज़ार में क्यों पलके बिछाए खड़ी है
पूछ लेना जो पूछना है सुबह से जब वो आएगी
अभी क्यों इन सवालों की माला पिरो रही है

ना दिन है तेरा ना ये रात तेरी आग़ोश में है
फिर भी इन आँखों में एक उम्मीद जी रही है
इस उम्मीद से कह दे कि अब ये चली जाए
इन आँखों में किसी की तस्वीर पड़ी है

पलके बंद होती हैं और वो नज़र आती है
पलके बंद होती हैं और वो नज़र आती है
फिर भी अजनबी सी एक रूह कहीं थमी है
ऐ ज़िंदगी, तू सो जा कि अब बहुत रात हो चुकी है
इस रात की आग़ोश में ये दुनिया भी सो चुकी है
तू खुद एक सवाल बन मेरे सामने खड़ी है
और तेरे जवाब में अब तो सुबह हो चली है।

रुक गया

रुक गया हूँ मैं
और अभी चलना काफ़ी बाकी है
चलते हुए ठोकरों से संभलना अभी बाकी है
बहुत हैं हाथ थामने को मुझे
उन हाथों के बिना संभलना अभी बाकी है

कुछ अंधेरा है यहाँ कुछ ग़मसुम सा है
इस शोर से बचकर निकलना अभी बाकी है
कहाँ है मंज़िल कहाँ उसका रास्ता है
कहाँ हूँ मैं इन सवालों का जवाब ढूँढना अभी बाकी है

डर है सीने में ना जाने किस चीज़ का
इस डर को हटाना और जीना अभी बाकी है
हर लम्हे में ज़िंदगी पुकार रही है
इस आवाज़ को सुनना, हर आहट को पहचानना अभी
बाकी है

फुर्सत नहीं है जीने की
हर तरफ़ भाग दौड़ है
इस भाग दौड़ से हटकर
एक ठहराव तक पहुँचना अभी बाकी है
ना दिन है अपना ना रात अपने साथ है
कुछ तो है कमी बस ये बात अभी बाकी है

भीड़ है चारों तरफ़ और फिर भी खामोशी है
होश में हैं सब पर हमें तो मदहोशी है
इस भीड़ से हटना अभी बाकी है
होश में आना और संभालना अभी बाकी है

सब कुछ है अपने पास और कुछ भी नहीं
इन सवालों से जवाबों तक का सफ़र अभी बाकी है।

ना जाने क्यों रुक गया हूँ मैं
जब इतना चलना अभी बाकी है
इन हाथों को थामना अभी बाकी है
इस ज़िंदगी को जीना अभी बाकी है।
बाकी है सब कुछ
और सब कुछ खत्म करना अभी बाकी है
एक पहचान बनाना और ना जाने क्या-क्या करना
अभी बाकी है

लम्हें

यूं बीत जाएंगे ये लम्हें
मानो हवा का एक झोंका गुज़रा हो
साथ में ले जाएंगे बचे हुए कुछ तिनके
नज़रें उठेंगी ढूंढने उन दोस्तों को
पर नज़र आएंगे खाली कमरे

ना गूंजेगी हंसी फिर से
ना कोई फिर से यहां रोएगा
इन लम्हों के साथ सब खत्म हो जाएगा
वो खींचना कुर्सियां
वो खेलना अंताक्षरी
वो सोना पीछे बैठ कर
वो मारना छुट्टियां

काश ये लम्हें रुक जाते
काश के हमारे दोस्त हमारे हो जाते
ना लिखता कोई फिर कुछ जुदाई पर
अगर हर जगह सिर्फ ये दो साल रह जाते

करेंगे याद हम इन सब को
और शायद ये सब हमें
पर वापस ना आ पाएंगे
जी रहे हैं ये ज़िंदगी जैसे
फिर ऐसे ना जी पाएंगे

तो जी लेने दो लम्हें आज ही
सोचने को तो तमाम उम्र पड़ी है
इन लम्हों को समेट लें आज ही
नहीं तो ये भी बीत जाएंगे

वो

याद आती है वो जिसे कभी देखा नहीं,
बहुत तड़पाती है वो जिसे कभी देखा नहीं।
क्यों भीगे हैं हम आज, क्या पता,
क्यों लगा ऐसा कि बादल कभी बरसे नहीं।

रोज़ सोचते हैं कि वो आज आ जाएगी,
पर सिर्फ याद आकर चली जाती है।
आँखें बंद करते हैं सोने के लिए हम,
ख़ामोश सी पलकें कुछ एहसास दिला जाती हैं।

यह उसका सबब है जो चुपकर कहीं बैठी है,
चुपके से कहती है "मुझे कभी देखा नहीं।"
क्या हो रहा है, ना जाने,
क्यों यह भी किसको पता है।
वो फिर आई ख़्यालों में जिसे कभी देखा नहीं।

ना सूझता है रास्ता, ना मंज़िल ढूँढ रहा हूँ,
फिर सोच में डूबा हूँ, फिर पी रहा हूँ।
वो हँसती है तो नशा सा छा जाता है,
ख़ामोशी मार देती है उसकी, जिसे कभी देखा नहीं।

वो ख्वाब है या कोई हकीकत, ना पता है हमें,
जानना चाहते हैं क्या यह भी, पता नहीं।
खो ना दे उसे, यह डर सा लगा रहता है
उसे आँखों में बसाए बैठे हैं जिसे कभी देखा नहीं।

अंजान सफ़र

मिल जाती हैं मंज़िलें,
और रास्ते भटक जाते हैं।
इन यादों के सहारे हम जीते ही जाते हैं।

रुक जाती हैं साँसें हमारी,
और ठहराव आ जाता है।
मिट जाती है हस्ती,
एक अंजान सफ़र की तलाश में।

कौन है अपना, कौन पराया,
किसे क्या नाम दूँ।
सब बिछड़ जाते हैं और
यादें रह जाती हैं,
एक अंजान सफ़र की तलाश में।

जाने किस कोने में छुपी हुई हैं साँसें,
जाने कहाँ भटक रहा हूँ।
एक अंजान सफ़र की तलाश में।

बिक रही है हर चीज़,
और एक दाम छोड़ जाती है।
आने वाली हर चीज़ को
बिकने के लिए छोड़ जाती है।

खरीदार भटकते रहते हैं
खरीदने एक मुस्कुराहट को,
और मिल जाता है ग़म,
एक अंजान सफ़र की तलाश में।

भूल जाते हैं सब कुछ,
और ख़ामोश रह जाते हैं।
किसी अंत की शुरुआत में ही हम थक के सो जाते हैं।
समा लेती है ये दुनिया हमें अपने अंदर, और गुम हो
जाते हैं,
एक अंजान सफ़र की तलाश में।

ना जानती है ये दुनिया हमें,
ना हम जानना चाहते हैं।
एक पहचान बन जाती है,
एक अंजान सफ़र की तलाश में।

एक अजनबी सफ़र

मिल जाती हैं मंज़िलें
और रास्ते भटक जाते हैं
इन यादों के सहारे हम जीते ही जाते हैं
रुक जाती हैं सांसें हमारी
और ठहराव आ जाता है
मिट जाती है हंसी एक अजनबी सफ़र की तलाश में

कौन है अपना कौन पराया किसे क्या नाम दूं
सब बिछड़ जाते हैं और यादें रह जाती हैं
एक अजनबी सफ़र की तलाश में

जाने किस कोने में छुपी हुई हैं सांसें
जाने कहाँ भटक रहा हूँ
एक अजनबी सफ़र की तलाश में

बिखर रही है हर चीज़ और एक दाम छोड़ जाती है
आने वाली हर चीज़ को बिकने के लिए छोड़ जाती है
खरीदार भटकते रहते हैं खरीदने एक मुस्कान को
और मिल जाता है ग़म
एक अजनबी सफ़र की तलाश में

भूल जाते हैं सब कुछ और खामोश रह जाते हैं
किसी अंत की शुरुआत में ही हम थक के सो जाते हैं
समां लेती है ये दुनिया हमें अपने अंदर
और गुम हो जाते हैं एक अजनबी सफ़र की तलाश में

ना जानती है ये दुनिया हमें
ना हम जानना चाहते हैं
एक पहचान बन जाती है
एक अजनबी सफ़र की तलाश में।

एक आँसू

यूँ झुक रही है नज़र उनकी कि मानो कुछ छुपा रहे हों
पर नीचे गिर पड़ा वो छुपा हुआ एक आँसू

ये ग़म ओढ़े बैठे हैं हंसी की चादर
और हंसी दबाए बैठी है एक आँसू

आने वाले पल में कोई छुपा बैठा है
ख़ामोशी से बैठा है वो एक आँसू

मौका देखकर बाहर आएगा
जब हँसूंगा मैं तो आएगा ये आँसू

रात के अंधेरे में ढूंढती है खुशी मुझे
इस डर से कि कहीं देख ना ले ये आँसू

अब तो साथी बन गया है ये मेरा
सुखी आँखों में छुपाए घूमता हूँ एक आँसू।

ऐ ज़िंदगी,

ऐ ज़िंदगी, तू सो जा कि अब बहुत रात हो चुकी है,
इस रात की आगोश में यह दुनिया भी सो चुकी है।

मेरी ज़िंदगी, क्या पूछूं मैं तुझसे,
कि तू खुद एक सवाल बन मेरे सामने खड़ी है।
ना जाने क्या जवाब है तेरा, ना जाने किस सोच में
पड़ी है,

तू खुद की पहचान है शायद, तू नहीं जानती।
इसीलिए एक उलझन बन, एक पहेली बनी हुई है,
कोई बुझाता नहीं अब पहेलियों को, ना कोई उलझनें
सुलझाता है।
फिर भी तू ना जाने किस इंतज़ार में पड़ी है।

सो जा अब तू, कि रात का अंधेरा छा चुका है,
एक सुबह के इंतज़ार में क्यों पलकें बिछाए खड़ी है।
पूछ लेना जो पूछना है सुबह से, जब वह आएगी,
अभी क्यों इन सवालों की माला पिरो रही है।

ना दिन है तेरा, ना यह रात तेरी आगोश में है,
फिर भी इन आँखों में एक उम्मीद जी रही है।
इस उम्मीद से कह दे कि अब यह चली जाए,
इन आँखों में किसी की तस्वीर पड़ी है।

पलकों को बंद करता हूँ, और वो नज़र आती है,
पलकों को बंद करता हूँ, और वो नज़र आती है।
फिर भी अनजानी सी एक रूह कहीं थमी है।

ऐ ज़िंदगी, तू सो जा कि अब बहुत रात हो चुकी है,
इस रात की आगोश में यह दुनिया भी सो चुकी है।
तू ख़ुद एक सवाल बन मेरे सामने खड़ी है,
और तेरे जवाब में अब तो सुबह हो चली है।

कुछ बाकी रह गया

मिट गए सब ज़ख्म
बस निशान बाकी रह गया
सजा पूरी हो गई
पर करना गुनाह बाकी रह गया

तू तड़पा इस दिल को इतना के ये रो पड़े
ज़िंदा तो हैं हम, बस जीना बाकी रह गया
तड़पते तड़पते ये पूछेंगे हम अपने आप से
कि क्या है जो इतना जुनून बाकी रह गया
ख़त्म हो चुका है सब कुछ यहाँ
पर फिर भी एक इंतजार बाकी रह गया

फिकर है हमें तुम्हारी, ना जाने कैसे हो
दिल रो पड़ा अब तो बस आँसुओं का आना बाकी रह
गया
रुखसत कर रहे हैं हम अपने सारे ग़म
के जिनके सहारे ज़िंदगी गुज़ारी थी
नम हैं अब भी आँखें हमारी
रो रही हैं बस सैलाब का आना बाकी रह गया

ख्वाबों के आशियाने में एक उम्मीद की डोर थी
टूट गई वो डोर, बस सँभालना बाकी रह गया
रूठे हुए यार को मनाना बाकी रह गया
इस हँसी के पीछे बैठे ग़म छुपाना बाकी रह गया
आ गई हैं मंज़िलें रास्ते ढूंढते हुए अपने
इस मंज़िल को बस अपना बनाना बाकी रह गया

कोई।

ना नसीब है कोई, ना रकीब है कोई,
क़िस्मत से जी रहे हैं हर पल।
ना कहानी है, ना फ़साना है कोई,
सिमट रही है ज़िंदगी खुदी की बाँहों में।
ना संभलता है कोई, ना बुलाता है कोई।

अक्सर लम्हे बीत जाते हैं कुछ लम्हों में,
इन लम्हों को याद करता रहता है कोई।
विरासत में मिलती हैं यादें हमें,
इस विरासत को अपना बताता है हर कोई।
मुट्ठी में बंद हैं सपने मेरे,
खोलने की कोशिश इस मुट्ठी को करता है हर कोई।
खुल जाए तो छू हो जाएँगी परियाँ,
मेरी ज़िंदगी को ख़्वाब बनाता है कोई।

ख़्वाबों के इस भंवर में हम भी मशालें ज़िंदगी की
लिए खड़े हैं,
बुझाता है कोई, जलाता है कोई।

क्या है ज़िंदगी

ज़िंदगी यूँ ही जीने का नाम है,
ग़म के सागर में तैर करके,
उस पार ख़ुशियों के साहिल पर जाने का नाम है,
ज़िंदगी तो बस यूँ ही जीने का नाम है।

इन आँखों की सिसकियाँ,
इस शोर में छुपी ख़ामोशी ढूँढ़ने का नाम है,
हर नाम को पहचानें, हर लम्हे को जीने का नाम है।

ज़िंदगी कुछ कागज़ के खाली पन्नों का नाम है,
कुछ अनकहे शब्दों में सब कुछ कह जाने का नाम है,
पन्नों के पीछे छुपी है एक दास्तान,
उस दास्तान को हंसी में बयान करने का नाम है।

मिट जाती है स्याही और लिखने को बहुत कुछ रह
जाता है,
उस टूटी कलम से सब कुछ लिख जाने का नाम है।
अंधेरे में किरण ढूँढ़ते हैं हम, रोशनी में जा नहीं
सकते,
यह ज़िंदगी तो उसी रोशनी में ले जाने का नाम है,

एक अलग पहचान ढूँढ़ने का नाम है।
सुलगती आँधियाँ रोक रही हैं रास्ता,
और हम रुक जाते हैं,
खाली सा लगता है सब कुछ,
और हम सिमट जाते हैं,
सिमटे पलों को समेट कर आगे बढ़ने का नाम है।

ख़ामोश है सब कुछ, और यह ख़ामोशी बड़ी डरावनी
है,
इस ख़ामोशी को हटा कर डर भगाने का नाम है।
चिंगारियाँ हैं हर तरफ, बस आग बनना अभी बाकी है,
सुलगती आँधियों को चीरना अभी बाकी है,
रोक सको तो रोक लो हमें,
न जाने कितने फ़ासले तय करना अभी बाकी है।

कुछ अनकहे शब्दों को समेटे लेते हैं,
कि उन पन्नों में भर पाएंगे,
जो कहते हैं कि ज़िंदगी तो बस हम में है,
ज़िंदगी तो बस जीने का नाम है।

खो गया

क्यों खो गया वह साया
क्यों बुझ गई है रोशनी
सिसकते जा रहे हैं ख़्वाब
अंधेरी हो रही है चाँदनी

ना दिखता है कोई
ना आवाज़ सुनाई देती है
घूर रहे हैं किसी की आँखों में
किसी की खामोशी सुनाई देती है

ढूंढ रहे हैं अपने आप को
पहचान बनाने के लिए
उस साये को ढूंढने के लिए
रोशनी जगाने के लिए

हो जाएगा उजाला
तो अंधेरे में कोई ना रहेगा
कोई ग़म ना होगा
कोई पहचान ना खोएगा

हम कर रहे हैं औरों के लिए भी कोशिश
कि अपनी तो ज़िंदगी ना जाने कब ख़त्म हो जाए
पर याद करे यह दुनिया हमको
कहीं हमारा नाम भी ना खो जाए

अंत की शुरुआत

ख़त्म हो जाएँ सब रास्ते,
सब मंज़िलें खो जाएँ।
रुक जाएँ ये हवाएँ,
मिट जाएँ सब फ़िज़ाएँ।
यही शुरुआत है उस अंत की।

ओस ना पड़े पत्तों पर,
और बारिश ना भिगो पाए।
मुस्कुराएँ ग़म हमारे,
और ज़िंदगी कहीं छुप जाए।
यही शुरुआत है उस अंत की।

ना शोर कहीं पर,
ना कहीं कोई सन्नाटा।
ना कुरेदे हुए ज़ख़्म,
ना निकलता हुआ ख़ून किसी का।
यही शुरुआत है उस अंत की।

लंबी हो रही हैं अंधेरी रातें,
सूरज रहने की जगह माँग रहा है।
पुकार रही है ज़मीन हम सबको,
पर जगह कम पड़ रही है।
यही शुरुआत है उस अंत की।

परछाइयाँ पीछा कर रही हैं हमारा,
रोशनी कहीं ना दिखती है।
हर तरफ़ से ठोकर लग रही है हमें,
पर रुकावट कहीं ना दिखती है।
यही शुरुआत है उस अंत की।

सब ख़त्म हो रहा है,
सब दूर जा रहा है।
ना रोक सकते हैं कुछ हम,
और ना रोका जा रहा है।

बीत गए हैं लम्हे सारे
आख़िरी पल भी ख़त्म हो चला है।
हर रात एक सुबह का इंतज़ार करती है।
यही शुरुआत है उस अंत की।